JN177408

キャリア教育に活きる!

仕事ファイル

センパイに聞く

6 インターナショナルな仕事

映像翻訳家
留学カウンセラー
商社パーソン
旅行会社営業
日本ユネスコ協会連盟職員
JICA職員

⑥ インターナショナルな仕事

Contents

File No.31
映像翻訳家 …… 04
えいぞうほんやくか
瀧澤理恵さん
たきざわりえ

File No.32
留学カウンセラー …… 10
りゅうがく
高山由佳さん／留学ジャーナル
たかやまゆか　　りゅうがく

File No.33
商社パーソン …… 16
國方勇太さん／丸紅
くにかたゆうた　まるべに

File No.34
旅行会社営業 …… 22
りょこうがいしゃえいぎょう
福満 遼さん／JTBコーポレートセールス
ふくみつ りょう　ジェイティービー

キャリア教育に活きる！ 仕事ファイル

File No.35
日本ユネスコ協会連盟 職員 ……… 28
井上 葵さん／日本ユネスコ協会連盟

File No.36
JICA職員 ……… 34
伊藤綱貴さん／JICA

仕事のつながりがわかる
インターナショナルな仕事 関連マップ ……… 40

これからのキャリア教育に必要な視点 6
海外で活躍するために日本を知る ……… 42

さくいん ……… 44

※この本に掲載している情報は、2017年4月現在のものです。

File No.31

映像翻訳家
Video Translator

瀧澤理恵さん
29歳

わたしの考えた
セリフが字幕になると、
とても感動します

世界中の映画やドラマ、それにテレビ番組も、DVDやインターネット動画で観ることができます。映像翻訳家として活躍する瀧澤理恵さんは、これらの映像作品に、日本語の字幕をつける仕事をしています。どのように字幕をつけているのでしょうか。

Q 映像翻訳家とはどんな仕事ですか?

海外の映画やドラマといった映像作品に、日本語の字幕をつける仕事です。

インターネットで動画を配信するWEBサイトなら、海外の映像作品がたくさん観られます。YouTube、Hulu、Netflixなど、さまざまなWEBサイトがありますよね。

わたしたち翻訳家が字幕をつける映像の種類は、ドラマや映画だけではなく、ドキュメンタリー番組やニュース番組など、いろいろなタイプがあります。

わたしは、英語の映像作品を専門に字幕をつけています。翻訳をするときは、英語の音声を聞いて、それをすぐ日本語に翻訳していく場合と、英語が母国語の人があらかじめセリフを英文に起こしてくれたものを見ながら、翻訳していく場合の、2つのパターンがあります。

Q どんなところがやりがいなのですか?

自分が時間をかけて考えた字幕が映像に映しだされると、それを観るだけでとても感動します。

翻訳をするときは、英単語のひとつひとつ、どんな日本語がぴったりと当てはまるのか、本当に悩みます。たった1行の字幕を考えるのに、1時間かけることだってあるんですよ。なので、納得がいく日本語訳ができたときは、ジグソーパズルがピタッとはまった瞬間のような喜びがあります。

そんなふうに苦労して考えた翻訳で、たくさんの人が作品を楽しんでいると思うと、うれしくなります。

「SSTという専用ソフトで、映像と音声を確認しながら字幕をつけます。わたしが入力した文字が、そのまま字幕になるんですよ」

Q 仕事をする上で、大事にしていることは何ですか?

作品の登場人物のキャラクターや生い立ちを、よく理解した上で、翻訳をするようにしています。

例えば、同じように「I think so.」というセリフをしゃべったとして、10代の男の子なら「俺もそう思う」という訳がしっくりきます。でも、60代の女性の場合、「わたしもそう思うわ」などと翻訳した方が雰囲気が合いますよね。細かなことですが、これを気にして字幕をつけていかないと、物語に流れる空気は、正確に伝わらないと思っています。

瀧澤さんの1日

- 10:00 自宅でパソコンに向かって翻訳作業
- 12:00 ランチ。自宅で食べることが多い。行きづまったときは、気分転換をかねて外へ食事に出ることもある
- 13:00 調べものがあれば、図書館や書店へ出かける。なければ、自宅で翻訳作業
- 19:00 自宅で夕食
- 21:00 夜は、自分が翻訳を担当した作品を観たり、興味のある映像作品を観たりする

何人かの翻訳家でチームをつくり、手分けして行うこともある。打ち合わせをして、登場人物の口調などをそろえる。

Q なぜこの仕事をめざしたのですか？

中学生のとき、映画の『ハリー・ポッター』シリーズに夢中になったのがきっかけです。

ミーハーだったので、雑誌やインターネットで、『ハリー・ポッター』と主演のダニエル・ラドクリフさんに関する情報を手当たりしだいに集めていました。そのときに書籍の翻訳以外にも、映像翻訳家という職業があることを知って、興味をもちました。もともと英語を学ぶのが楽しかったし、物語の世界にひたるのも好きだったので、その両方が味わえる映像翻訳家は、夢のような仕事だと思ったんです。また、映画に日本語の字幕をつけた戸田奈津子さんの記事を読んで、あこがれが強くなりましたね。

そのあと、翻訳にもビジネス翻訳などいろいろ種類があるのを知って、とりあえず翻訳家になれば全部できるんじゃないかと思って、これはいいなと。

大学を卒業したあと、映像翻訳を学べる専門学校で1年半学び、フリーランスの映像翻訳家としてデビューしました。

Q 今までにどんな仕事をしましたか？

映像翻訳家になって初めていただいたお仕事は、短編映画の翻訳でした。映画祭に出品される作品だったので、とても緊張しましたね。たった10分間の映画で、字幕をつける会話シーンやナレーションも少なかったのに、仕上げるまでに1週間かかってしまいました。今なら、30分の作品を1週間で仕上げられるんですけどね。

映画祭の会場で、自分が翻訳した作品を観たときのドキドキは、今でも忘れられません。エンディングで、翻訳家として自分の名前がスクリーンに流れたときは、本当に感動しましたね。友だちをさそって3回も観にいきました。

映画の上映情報はこまめにチェック。「子どものころから、映画は大好きでしたが、この仕事を始めてからは、今まで以上に観るようにしています」

翻訳を依頼してくれた企業に、翻訳の意図の説明をすることも。「映像翻訳家は、人前でしゃべる機会が少ないので、緊張します」

Q 仕事をする上で、むずかしいと感じる部分はどこですか？

字幕を短くまとめるのが大変です。人間が1秒間に読める文字数は4文字ほどといわれています。どんなに長いセリフでも、限られた文字数で日本語に訳さないといけません。

映像が次のシーンに切りかわる前に、無理なく読みおえられる長さで、しかも正確に伝わる翻訳ができるようになるまでには、かなりの修業が必要です。どんなにこだわって考えた翻訳も、字幕にしたとき、読んでいて引っかかるようでは、作品を観る人の邪魔になってしまいます。

また、むずかしい言葉をたくさん使うと、漢字にふりがなをふらなくてはいけなくなります。すると、今度は映像が観づらくなってしまうんです。そのため、むずかしい言葉も、なるべく避けなくてはいけません。

こうした制限の中で、納得のいく字幕をつくるのは楽じゃないと、いつも感じています。

Q ふだんの生活で気をつけていることはありますか？

映像翻訳家の先輩にすすめられて、積極的にからだを動かすようになりました。仕事を始めたばかりのころは、しめきりに間にあうように、立ちあがる時間さえおしんでパソコンに向かっていたんです。でも、そんな生活を続けていたら、体調をくずすようになってしまいました。

最近は、「フィールサイクル」という室内で行うエクササイズの教室に通っています。音楽に合わせて、エクササイズ用のバイクを45分間こぎつづけるんですが、すごく汗をかいて、頭もスッキリします。運動をするようになってから、生活にメリハリがついて、仕事の効率も上がりました。

Q これからどんな仕事をしていきたいですか？

まずは翻訳の技術をもっと高めて、翻訳の質を上げていきたいですね。

映像翻訳家の多くは、会社に所属せず、フリーランスとして仕事をしています。わたしもそのひとりです。仕事をたくさん依頼してもらうには、実力のある映像翻訳家としてまわりに認められないといけません。みなさんに安心して仕事を任せてもらえるように、腕をみがきたいです。

今は、何人かの映像翻訳家でチームをつくって、ひとつの作品を翻訳することが多いのですが、ひとりで任せてもらえる仕事も増やしていければいいなと思います。ドキュメンタリーやニュース動画の翻訳も楽しいですが、人の心を動かすような、映画やドラマといった物語の翻訳を、もっともっと手がけていきたいです。

用語辞典

PICKUP ITEM

瀧澤さんは、パソコンに辞書のデータを入れて使っている。それでは見つからない表現があった場合、電子辞書で調べる。イヤホンは、映像を再生するときに欠かせない。映像中に専門用語が出てくることも多いので、用語辞典は必要不可欠。

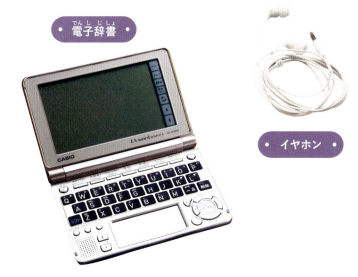

電子辞書

イヤホン

映像翻訳家になるには……

映像翻訳家になるには、さまざまな道があります。しかし、外国語のセリフに字幕をつけるには、映像翻訳の知識や技術が必要です。そのため、まずは映像翻訳家の養成学校に通って知識を学ぶ必要があります。卒業後は、フリーランスとして活動する人が多いですが、映像翻訳会社や映像制作会社に就職して、映像翻訳の仕事をする人もいます。

高校 → 大学 → 映像翻訳家養成学校 → 独立／映像翻訳会社、制作会社に就職

※ この本では、大学に短期大学もふくめています。

Q 映像翻訳家になるにはどんな力が必要ですか？

わからないことや疑問に思ったことをそのままにせず、すぐに調べる人は、映像翻訳家に向いていると思います。

意外に思うかもしれませんが、翻訳作業の半分は、調べものなんです。例えば、映像の中で、初めて知る歴史上のできごとや、実在する人物の話題が出てきたら、すぐに調べます。ひとつひとつきちんと理解していないと、正確な日本語訳はつけられないんです。

映像翻訳の仕事ははなやかに思われがちですが、本当に地味で細かい作業の連続です。机に向かって根気強く仕事ができる人や、映像の仕事に関わることがうれしくてたまらない、という人でないと、なかなかつとまりません。

日ごろから、映画雑誌をよく読む瀧澤さん。「映画評を読む前に、新作の映画にだれが字幕をつけたのか、つい気になって見てしまいます」

Q 中学生のとき、どんな子どもでしたか？

内気な性格で、大人数で集まってワイワイ楽しむよりも、何でも言える友だち数人と深くつきあうような子どもでした。

部活ではブラスバンド部に所属していたのですが、音楽好きで気の合う仲間たちと演奏することは、楽しかったですね。家にいるときは、とにかく映画やアニメなどの映像にふれていました。わたしは滋賀県の田舎町で育ったので、映像の中のはなやかな世界に強いあこがれをもっていたんです。映画の『ハリー・ポッター』に夢中になって、映像翻訳家を志すようになったのもこのころですね。

それからというもの、夢をかなえるために、英語の授業はとくに一生懸命受けていました。

中学時代はブラスバンド部で活躍。音楽が大好きで、ピアニストになりたかった時期もあった。

瀧澤さんの夢ルート

小学校 ▶ ピアニスト
音楽が好きでピアノを習っていた。大好きなピアノをずっとひいていたかった。

▼

中学校→大学 ▶ 映像翻訳家
海外の映画やドラマを観るのが好きだった。映画の情報を集めているときに「映像翻訳家」という職業を知り、大好きな英語と物語の両方に関われる最高の仕事だと思った。

Q 中学のときの職場体験は、どこに行きましたか？

乳児保育所で、1日だけ保育士の人たちのお手伝いをしました。そのころから、将来の夢は映像翻訳家しか考えられなかったので、ほかの職業を体験すると聞いたときは、正直あまりピンとこなかったんです。

でも、仲のよい友だちと相談して、自分でもやりぬけそうな仕事を選びました。0歳から2歳の子どもたちなら、まだあまり動きまわらないので、子どものあつかいに慣れていないわたしでもやれるんじゃないかと思ったんです。

保育所では、子どもたちと輪になって遊んだり、お昼寝の時間に寝かしつけたりしました。

Q 職場体験では、どんな印象をもちましたか？

保育士の仕事は、想像していたより何倍も大変な仕事でした。子どもによって、すぐなついてくれる子もいれば、なかなか言うことを聞いてくれない子もいました。お昼寝のときに全然寝てくれないのも、困りましたね。

わたしたちがまかされた仕事は、簡単なことばかりだったのですが、保育士の人たちの働きぶりを見ていると、本当に大変そうでした。たくさんの命を預かっているという責任感も伝わってきました。

それまでは、「自分は翻訳家になるんだ」という、ばくぜんとした夢はあったけれど、実際に働くことがどういうことなのか、まったくイメージがついていなかったんです。でも、あの職場体験を通して、働いてお金をもらうことがどれだけ大変なのか、肌で感じましたね。

Q この仕事をめざすなら、今、何をすればいいですか？

ふだんから、さまざまな年代の人と話して語彙を増やしてください。若い人のくだけた言葉づかいも、お年寄りの古めかしい言葉づかいも、映像翻訳で出演者や俳優のキャラクターにちがいを出すときに必要になります。

あとは、どんなことでも興味をもって、楽しく学ぶことですね。映像翻訳をする上で、知っていてむだな知識はひとつもありません。コメディ映画の中で、文学や歴史の話が出てくることもあれば、むずかしい教育番組の中で、ハリウッド俳優の話題が出てくることもあります。学問的なことから雑学まで、はば広く知っておくようにしましょう。

職場体験のときの写真。「わたしは末っ子なので、じつは小さな子どもと遊ぶのが苦手でした」

物語に流れる空気が正確に伝わる翻訳がしたい

― 今できること ―

ふだんの暮らし 映像翻訳家になるには、外国語を聞きとったり、読みといたりする力が欠かせません。同時に、読みやすい訳文を日本語で書く力も必要です。日ごろから、本をたくさん読むなどして、文章力を身につけておきましょう。

また、映画やドラマといった映像作品では、有名な映画のセリフが引用されることがしばしばあります。名作映画といわれる作品は、なるべくたくさん観ておくとよいでしょう。

国語 映像翻訳家には、文章を書く力と読みとく力の両方が求められます。また、英語を日本語に置きかえるときは、日本語の語彙力も必要です。授業を通して、国語の力をまんべんなく身につけましょう。

社会 映像作品の中には、海外の歴史や文化について理解していないと、内容がわからないものがたくさんあります。基礎的な知識を身につけましょう。

英語 英語の翻訳家になりたい場合、中学校で学ぶ英語の基礎はとても大切です。教科書をくりかえし読んで学習しましょう。できるだけ英語の文章をたくさん読んでください。また、リスニングの力もきたえておきましょう。

File No.32

留学カウンセラー
Study Abroad Counselor

留学ジャーナル
高山由佳さん
入社2年目 23歳

留学を通して、人生が変わる感覚を味わってほしい

日本を離れて、海外で学ぶ留学では、語学力以外にもたくさんのものを得られます。留学ジャーナルは、多くの人が、安全で実りある留学ができるようサポートをする会社です。そこで留学カウンセラーとして働く高山由佳さんにお話をうかがいました。

Q 留学カウンセラーとはどんな仕事ですか？

留学したい人から話を聞いて、その人に合った留学プランをいっしょに考える仕事です。「カウンセラー」とは、相談を受けてアドバイスする人のことをいいます。

人によって、留学の目的はちがいます。英語への苦手意識をなくすために、数週間、海外で過ごしたいという人もいれば、海外の大学で専門的な知識を身につけたいという人もいます。予算や行きたい国も人それぞれなので、話をよく聞いて、ひとりひとりに最適な留学プランをつくります。

留学プランが固まったら、学校への出願や滞在先の手配、航空券の予約を行い、渡航準備を具体的に進めます。無事、留学に出発したあとも、メールなどでやりとりして、留学生をサポートします。

さらに、留学ジャーナルでは、留学から帰国したあとも留学経験者が集まり、現地での体験や近況を話しながら、つながりを深める帰国者交流パーティも行っているんですよ。

1回のカウンセリングはおよそ1時間。留学プランが決まるまで、何度もくりかえし話を聞く。

Q 仕事をする上で、大事にしていることは何ですか？

カウンセリングにやってきた人が、留学に何を求めているのか、本音を引きだすことです。

留学先で通う学校を決めるときに、重要なことのひとつは語学力です。基本的には、希望や目的を聞いて、学校を提案します。自分の希望を何でも話してくれる人もいますが、なかには、自分の語学力を低く見て、本当は挑戦したいことがあるのに、なかなか話してくれない人もいるんです。

「もしかして遠慮しているのかな？」と感じたら、英検やTOEICなどの結果を見て、こちらから「こんなプランもありますよ」と、積極的に提案します。すると、徐々に本音を話すようになってくれることもあるんです。

留学経験者のためのパーティ。「久しぶりに留学生活を思い出して、『やっぱりまた留学したい』と言う人もいます」

Q どんなところがやりがいなのですか？

留学は、人生の分岐点にもなりうる経験です。だれかの人生を前向きに変えるお手伝いができる、そこに大きな誇りとやりがいを感じています。同時に、責任感も感じます。

以前、「とくに目的はないけど、留学を何かのきっかけにしたい」というフリーターの人を短期留学でハワイへ送りだしたことがありました。その人が帰国後に、「今度は海外の大学へ進学を考えている」と言ってくれたんです。目標を見つけるお手伝いができたと思って、うれしかったですね。

高山さんの1日

- 10:00 出社。始業時間は10:30だが、30分前には会社に着くようにしている
- 10:30 まずはメールチェック。留学中の学生からメールが来ていないか、確認
- 11:30 社内会議
- 12:00 留学希望者のカウンセリング
- 13:00 昼食
- 15:00 海外の学校の担当者と打ち合わせ
- 16:00 留学希望者のカウンセリング
- 18:00 書類作成
- 19:00 退社

Q なぜこの仕事をめざしたのですか？

わたしも大学生のころに留学して、さまざまなことを発見し、人生が変わったと感じました。そんな感覚をひとりでも多くの人に味わってもらいたくて、カウンセラーになったんです。

わたしは、大学1年生のときに2週間イギリスへ、2年生のときに1年間カナダへ留学しました。その前にも、海外旅行をしたことはありましたが、じっくりと海外の文化にふれたり、さまざまな国籍の友だちができたりする経験は、留学したときが初めてでした。

海外の人たちは自分の意見をどんどん主張するので、とてもおどろきましたね。国や地域によって考え方が大きくちがうことを知って、考え方が柔軟になりましたし、いろいろな人と出会うことで、視野も広がりました。

語学の勉強だけなら、日本でもできるかもしれませんが、こうした体験は、留学ならではだと思います。

カナダに留学していたころの高山さん（右から3番目）。さまざまな国の友だちができた。

Q 今までにどんな仕事をしましたか？

入社して1年がたったところなのですが、留学カウンセラーとして、語学留学やワーキングホリデー※での留学を考えている人の相談に乗ってきました。

入社したばかりのときは、上司に横についてもらい、わからないことをその場で確認しながらカウンセリングをしていました。とてもドキドキしたのを覚えています。失礼がないようにと、ビジネスマナーの本を買ってきて、家で敬語の勉強もしましたね。

わたしは、高校生や大学生を担当することが多いので、夏休みなどの長期休暇の前は、いそがしくなります。ふだんは1日3人くらいなのですが、長期休暇前には、1日に7人のカウンセリングを行うこともあります。

Q 仕事をする上で、むずかしいと感じる部分はどこですか？

まだ入社2年目なので、年上の人に「こんなに若い人で大丈夫？」と不安に思われてしまうこともあります。そんなとき、信頼してもらうためには、もっと努力が必要だと感じますね。

このことで悩んでいたとき、先輩から「お客さまは人生の先輩だけど、高山さんは留学の先輩なんだよ」と言ってもらいました。この言葉をきっかけに、どんな人と話すときも自信をもって対応しようと、気持ちを改めることができました。

Q 仕事をする上で、どんな工夫をしていますか？

留学希望者に、現地の学校の制度や治安、気候といった情報を伝えるとき、少しでも確信がもてない場合は必ず確認をとってからお伝えするようにしています。

例えば、交通網が整備されたり、安全だった地域の治安が悪化したり、現地のようすはつねに変化します。まちがった情報を伝えてしまえば、留学生に大きな迷惑をかけ、一気に信頼を失ってしまうこともあります。正確な情報を伝えるという、基本中の基本が大切なんです。

留学情報をあつかうプロとして、留学の先輩として、留学生をしっかりサポートしていきたいですね。

「少しでも疑問があったら、社内の資料で調べて、自信をもって説明できるようにしています」と高山さん。

用語 ※ワーキングホリデー⇒若者に、海外で1〜2年間、働きながら滞在することを許可する制度。

Q ふだんの生活で気をつけていることはありますか？

海外情報を集めることと、英語力を保つことです。

海外の情報は、おもにテレビやインターネットで集めます。ニュースはもちろん為替相場も、留学費用に大きく影響するのでチェックします。それから、海外旅行に行った人から、現地のようすを聞くようにしています。例えば「カナダのバンクーバーでは、バスにICカードが導入された」というような豆知識でも、留学する人には大事な情報ですね。自分が海外に行ったときも、交通の便や治安、気候など、ついチェックしてしまいます。

また、英語力を保つことも大切です。わたしは、留学時代にできた友だちと、SNS※や国際電話で連絡をとっているんですが、これが、自然と英語のおさらいになっていますね。

説明用ボード

PICKUP ITEM

留学にかかる費用や成功例など、よく質問される内容は、あらかじめ、わかりやすく表にまとめてある。カウンセリングに欠かせない。

Q これからどんな仕事をしていきたいですか？

知識やノウハウを駆使して、留学期間中により多くのものを学べるプランをつくれるようになりたいです。

例えば、アメリカの大学では「エクステンション」とよばれる公開講座が開設されています。短期間ながらレベルの高い授業で、経営やビジネスなどの講座が多いようですが、一定レベルの語学力があれば受講ができるんです。

留学生にやる気さえあれば、半年間の留学のうち、前半は現地で語学力を身につけ、後半はエクステンションを受講する、といったプランも可能です。留学生の求めるものや語学力に合わせて、こうしたプランをどんどん提案していきたいです。

それを実現するには、国ごとの留学制度や、滞在するために必要な手続き、大学が用意しているカリキュラムについて、きちんと把握していなくてはいけません。だから毎日が勉強なんです。

「提案するプランに迷ったときなど、先輩カウンセラーに相談することもよくあります」

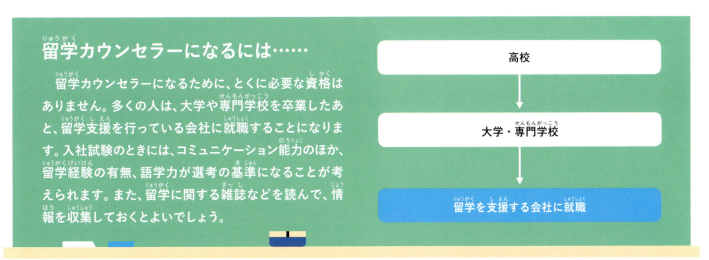

留学カウンセラーになるには……

留学カウンセラーになるために、とくに必要な資格はありません。多くの人は、大学や専門学校を卒業したあと、留学支援を行っている会社に就職することになります。入社試験のときには、コミュニケーション能力のほか、留学経験の有無、語学力が選考の基準になることが考えられます。また、留学に関する雑誌などを読んで、情報を収集しておくとよいでしょう。

高校 → 大学・専門学校 → 留学を支援する会社に就職

用語 ※SNS ⇒ ソーシャル・ネットワーキング・サービスの略。インターネット上で、人と人とが写真や文章などの情報をやりとりする。代表的なサービスに、Twitter、Instagram、LINE、TikTokがある。

「留学の楽しさが伝わるように、壁面にはわたしが留学中に撮った写真をかざっています」と高山さん。

Q 留学カウンセラーになるにはどんな力が必要ですか?

相手の立場になって物事を考え、アドバイスできるコミュニケーション能力と、あとは英語力だと思います。

1回のカウンセリングは、50分間です。この限られた時間で、相手の要望を引きだすには、コミュニケーション能力が欠かせません。言葉にきちんと耳をかたむけるだけではなく、話をしやすい雰囲気をつくれるといいと思います。

また、海外の学校の担当者と英語で話をしたり、学校案内を英語で読んだりするので、やはり、英語力は必要ですね。

高山さんの夢ルート

小学校 ▶ プロテニス選手

ふたりの兄の影響で3歳からテニススクールへ。硬式テニスでプロになりたかった。

中学校・高校 ▶ スポーツ用品メーカー

テニスを通して、スポーツ用品メーカーの商品開発者に会う機会があり、メーカーでの仕事に興味をもった。

大学 ▶ 留学カウンセラー

スポーツ用品メーカーで国際的に活躍するために、外国語学部へ進学。英語の上達のため、留学を経験した。自分が留学で味わった感動を多くの人に伝えたいと、留学カウンセラーをめざすようになった。

Q 中学生のとき、どんな子どもでしたか?

3歳からテニスを始めて、中学生のころも夢中で打ちこんでいました。地元のクラブチームと学校の部活と、両方で練習していましたね。団体戦で、全国大会にも2回行ったんですよ。中学3年生のときは全国でベスト8に入り、高校にもテニスのスポーツ推薦で入学しました。

得意科目は体育と音楽と書道。実技科目ばかりですね。じつは、中学生のころは英語がとても苦手でした。英語って、単語をたくさん覚えなくてはいけないし、毎日の積み重ねが大事な科目ですよね。だから、テニスに熱中しすぎて、テスト前くらいしか勉強する時間がなかったわたしにとっては、いちばん苦労した科目だったんです。

中学のころ、全国大会に出場したときの記念メダル。テニスボール型のキーホルダーは友だちの手づくりで、高山さんの名前が刺繍されている。

中学時代に部活の地区大会で入賞した高山さん(右)。

Q 中学のときの職場体験は、どこに行きましたか？

同級生5人といっしょに、3日間、地元のパン屋さんへお手伝いをしに行きました。

体験先は、いくつかの中から選ぶことができたのですが、そのころはまだ、将来について深く考えていなかったので、「おいしいパンを食べさせてもらえたらいいな」という気持ちで選んだ記憶があります。

Q 職場体験では、どんな印象をもちましたか？

好きなことを仕事にするというのはすてきなことだなと感じました。

店の手伝いのほかに、質問をする時間があったので、「朝が早くて大変じゃないですか？」とか、「どうしてパン屋さんになったんですか？」など、パン屋さんにいろいろと聞くことができました。

すると、「ぼくは、昔から本当に料理とパンづくりが好きなんです。たしかに朝は早くて大変だけれども、毎日がとても楽しいですよ」というような話をしてくれました。大変そうな仕事なのに、そんなふうに思えるなんて、すごいな、自分もそんな仕事がしたいなと思いましたね。

Q この仕事をめざすなら、今、何をすればいいですか？

留学についてアドバイスする仕事なので、もしカウンセラーになるなら、高校や大学で留学を経験する必要があります。そのためにも、英語は勉強しておいたほうがいいです。

留学を有意義なものにするには、むずかしそうなことにも挑戦する姿勢が必要です。それを身につけるためにも、中学生のうちは、好きなことにどんどん打ちこんでください。「むずかしい、できない」と思っていたことも、がんばれば意外とできてしまうということを知ってほしいと思います。

自分が留学で経験したことが多いほど、留学生によいアドバイスができるカウンセラーになれると思いますよ。

留学情報のプロとして、留学の先輩として、留学生をしっかりサポートします

－ 今できること －

 ふだんの暮らし

留学カウンセラーには人の話をしっかり聞ける力が必要です。ふだんから、友だちや先生の話を集中して聞き、相手が何を言いたいのか、くみとるようにしましょう。また、学校内だけでなく、地域の人、親戚の人など、いろいろな年代の人と積極的に関わり、さまざまな価値観にふれておくようにしましょう。地域のボランティアに参加してみるのもおすすめです。

また、可能なら、海外旅行や短期留学などを経験すると、将来の役に立つでしょう。

 国語
人と接する仕事なので、会話力が必要です。目上の人と話すときには、敬語を正しく使えなくてはいけないので、しっかり身につけておきましょう。

 社会
地理で世界の国々の基本情報を学びましょう。また、国際情勢のほか、各国の歴史や文化について知っておくことも大切です。

 体育
長期休暇の前など、仕事がいそがしくなる時期もあります。体力づくりをしておきましょう。

 英語
留学先とのやりとりをはじめ、英語を使う場面はとても多いです。読み書きの習得はもちろん、会話ができるようになることをめざして、勉強しましょう。

File No.33

商社パーソン
Trading Company Person

丸紅
國方勇太さん
入社4年目 26歳

ライバルに勝つための工夫の仕方は**無限にあります**

商社パーソンは、世界を舞台にして、世界中のあらゆる商品の取り引きや、新しい事業の開発をしています。國方勇太さんは、総合商社の丸紅で世界中の船会社を相手に、船の燃料の販売をしています。くわしくお話をうかがいました。

Q 商社パーソンとはどんな仕事ですか？

商社の仕事は大きく分けてふたつあります。ひとつは世界中のあらゆる「もの」を買ってきて、取引先に売る仕事です。これをトレードといいます。簡単に言うと、ものを安く仕入れて高く売り、利益を得るわけです。石油や石炭などの資源、大豆や小麦などの食糧、鉄や金などの鉱石……あらゆるものを売買します。もうひとつは、油田をほるなど、世界各国の事業に資金を投じて、その事業が成長したときに利益を得る事業投資です。

今、ぼくが担当しているのは、トレードです。石油会社から買いつけた船の燃料を世界中の船会社に売っています。船の燃料は、小型の船に積んで、取引先の船まで行って、ホースで補油します。補油までの手配をすることが、ぼくたちの仕事になります。

Q 仕事をする上で、大事にしていることは何ですか？

取引先の人とできるだけ顔を合わせることを大事にしています。深い信頼関係を築いて、どんな商品や買い方が求められているか、きちんと理解するためです。だから、できるだけ取引先へ足を運んで、話を聞きます。ときにはお酒を飲みにいって交わす会話が次のトレードのヒントになることもあります。

また船の場合、到着がおくれたり、早くなったりすることがよくあります。手配を終え、あとは船を待つばかりという状態になってから、「このトレードは中止します」と言われることもあります。そんなとき、だれに、いつ、どの情報を伝えるべきかを正しく判断しないと、大変なことになってしまいます。状況が刻々と変化する中で正しい判断をするためにも、日ごろの信頼関係と情報収集が欠かせないんです。

Q どんなところがやりがいなのですか？

どうやってライバルの企業との差をつくりだすかを考えるのが、とても大きなやりがいです。

毎日、この日に何トン補油したいというお客さんのリクエストがメールで入ります。同じリクエストはライバルの企業にも届いています。だから、そのリクエストに対して魅力的な提案をして、お客さんに選んでもらうんです。例えば「値下がりが予定されている来月の価格で売りますよ」とか「今月の平均価格で売ります」など、取引先にとってより有利な提案をどんどんしていくんです。工夫の仕方は無限にあると思います。うちの会社では、若手のうちからトレードを任せてもらえるので、やりがいを感じます。

「直接会って、相手の目を見ながら話し、どんな取り引きを求めているかを直に感じとることが大事です」

交渉は毎日。ライバルに勝つためには、より安い値段を出して、交渉成立にもちこむ力が必要。

國方さんの1日

- 09:30 出社。午前中は、前の晩に届いたメールをチェックすることについやす
- 12:00 ランチ
- 13:00 外出して取引先と打ち合わせをする
- 17:00 石油の価格を見ながらトレードする
- 20:00 退社
- 21:00 帰宅後、海外からの情報などをチェックすることも

Q なぜこの仕事をめざしたのですか？

就職活動中のOB訪問※がきっかけとなりました。学生時代は旅行が好きで海外にも行きましたが、「海外で働きたい」という思いはとくにありませんでした。就職するのは、地元の香川県がいいかなと思っていたくらいです。

就職活動のときに大学のOBとたくさん会ったのですが、商社の先輩の話が聞いていていちばんワクワクしました。海外でこういうトレードをしたとか、外国でできた交友関係とか、どうやって外国でのトラブルを避けることができたかとか、貴重な経験をした人は話が魅力的だと感じました。自分は将来こういう人たちといっしょに働いてみたいと感じて、商社を志望しました。

Q 今までにどんな仕事をしましたか？

入社後は日本で海外の関連会社の管理をしていました。3年目の4月からの1年間は、ビジネストレイニーという、海外研修生としてシンガポールのグループ会社で働きました。海外生活は初めてで不安もありましたが、行けば何とかなるかなと思っていたので、ワクワク感のほうが大きかったです。

シンガポールでは、机に向かって勉強するよりも、まわりの企業を訪問して仕事を覚えていくことの方が多かったです。先輩から急に「この人に会ってこい！」と放りだされて、いろいろな仕事の人たちに会って話を聞きました。

シンガポールでの海外研修期間を終えて、入社3年目からは日本にもどり、今の船の燃料のトレードを担当するようになりました。

Q 仕事をする上で、むずかしいと感じる部分はどこですか？

商社では大量の情報を分析しながら、仕事を進めていかなければいけません。それがむずかしいし、大変です。

海外とは時差があるので、日本が夜10時のころ、アメリカは朝です。午前0時を過ぎてからアメリカからの注文が来ることもあります。だから会社を出ても、ずっとスマートフォンを気にしていますね。

商社パーソンには状況に応じて、すぐに正しい判断をする能力、たくさんの業務を同時に進める能力などが求められます。毎日どんどん新しい仕事が入ってくるので、つねに仕事の優先順位を決め、優先順位の高いものから進めていかなければなりません。これはとてもむずかしいことです。いつも冷静でなければいけませんからね。

海外勤務先となった丸紅インターナショナル・ペトロリアム。

1秒ごとに変化する原油価格をスマートフォンや、パソコンでチェックする。

1年間滞在したシンガポールでは、現地での知り合いもたくさんできた。前列右から2番目が國方さん。

用語 ※OB訪問（OG訪問）⇒学生が、興味のある企業につとめている先輩（OB＝Old Boy・OG＝Old Girl）を訪問すること。その会社の雰囲気や仕事内容を知ることができる。

Q ふだんの生活で気をつけていることはありますか？

　できるだけ、オンとオフをしっかりと切りかえて休養を取ることが大事ですね。
　この仕事は、トラブルがあると夜中でも休みの日でもスマートフォンに連絡が来るので、電波が届かない場所には行かないようにしています。だから完全に仕事を忘れることはできないんですが、休みの日は、野球やゴルフでからだを動かして、リフレッシュするようにしています。平日も入社したてのころはおそくまで残らないと仕事を終えられませんでした。今は、先輩の仕事ぶりを見て、どうしたら先輩のようにてきぱきと仕事ができるか学んでいる最中です。

- メモ帳
- スマートフォン

PICKUP ITEM

手帳には細かいスケジュールや、打ち合わせのメモを書きこむ。スマートフォンは個人用と仕事用の2台。

Q これからどんな仕事をしていきたいですか？

　これから数年間の短期的な目標としては、今担当している船の燃料のトレードについて、日本でも海外でもどんな状況にも完璧に対応できるプロフェッショナルになりたいです。今の仕事を極めて、船の燃料については「まずは國方に聞けばいい」といわれるほどの存在をめざしたいです。
　現在の部署ではいちばんの若手で、毎日のように上司や先輩からしかられています。まだまだ一人前ではないので、今はひたすら勉強の時期と思ってがんばるしかないですね。これからは、もっと会社の外に出て新しい取引先を探したり、新しい仕事を見つけたりする行動力を身につけたいと思っています。それこそ連絡なしにいきなりお客さんのところに行っちゃうくらいの勢いで、やっていきたいです。
　将来的には、ほかの部署で船の燃料以外のものを売ることにも挑戦していきたいと思っています。

「部署では、いちばんの若手なので、自分の仕事だけでなく総務的な業務もする必要があります」

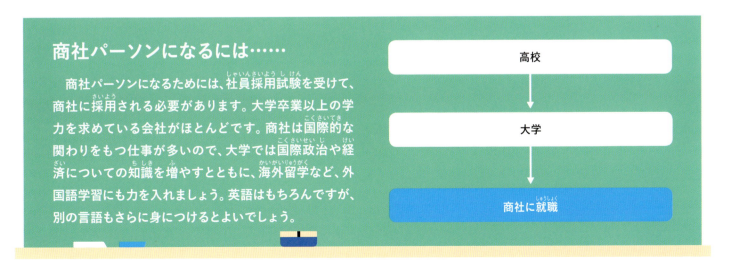

商社パーソンになるには……

　商社パーソンになるためには、社員採用試験を受けて、商社に採用される必要があります。大学卒業以上の学力を求めている会社がほとんどです。商社は国際的な関わりをもつ仕事が多いので、大学では国際政治や経済についての知識を増やすとともに、海外留学など、外国語学習にも力を入れましょう。英語はもちろんですが、別の言語もさらに身につけるとよいでしょう。

高校
↓
大学
↓
商社に就職

Q 商社パーソンになるために どんな力が必要ですか？

まずは、コミュニケーション能力が大事です。

商社パーソンに必要なのは、トレードをする相手に自分を好きになってもらい、信頼されることだと思います。そのためには相手の話をよく聞き、気持ちをくみとった上で、伝えたいことを自分の言葉で正確に伝える力は必須です。この基本的なことが本当に重要で、かつ、むずかしいんです。

また、ぼく自身得意ではなく今でも苦労していますが、英語力は必要です。英語ができないとコミュニケーションが取れないということはありませんが、細かいニュアンスまで英語で伝えられるようになると、外国企業との交渉力は断然上がります。

海外から1日に何百通と送られてくるメールはもちろん英語です。だから、大変ですが英語はたくさん読まなければいけません。でも、英語が苦手だと、商社に入れないわけではありません。会社に入ればいやでも覚えられますよ。

國方さんの夢ルート

小学校 ▶ プロ野球選手
小学3年生から少年野球のチームに所属し、今でも野球は続けている。

▼

中学校 ▶ 検察官
中学2〜3年生のときに職場体験で検察官とともに模擬裁判をして、興味をもったことがきっかけ。

▼

高校 ▶ 公認会計士
得意だった数学を活かせそうな公認会計士をめざす。

▼

大学 ▶ 商社
細かい計算が多い公認会計士より、取り引きがダイナミックな商社に魅力を感じた。

Q 中学生のとき、どんな子どもでしたか？

中学校の途中くらいまでは、がんばってプロ野球選手になれないものかと本気で思っていました。ぼくは小学3年生から少年野球のチームに入り、中学校でも野球に夢中になっていました。高校・大学でも野球部に入り、野球を続けて、今も会社の野球部に入っています。

小学5年生でピッチャーになってから、これまで15年くらい投げつづけていますね。ピッチャーというポジションは花形で、ぼくはあまり目立つことが好きではないのですが、自分が投げて勝ったときにはうれしさ倍増です。

中学校の授業では体育が得意でした。ほかには数学がずっと得意でした。高校時代には、得意な数学を活かせそうな公認会計士になりたいと思った時期もあります。

中学時代もエースピッチャーとしてマウンドに立ち、チームを引っぱっていた。

うしろは中学校、高校、大学の野球帽。手前は中学卒業のときもらった寄せ書き入りボール。

Q 中学のときの職場体験は、どこに行きましたか？

職場体験では、裁判所で模擬裁判を行いました。事前にわたされた事件のすごく分厚い資料ファイルに目を通し、当日の模擬裁判では事件を検証して有罪か無罪かを判決するという、かなり凝ったものでした。学校がわも「わが校の職場体験はこんなことをしています！」とアピールするほど本格的だったので、新聞が取材に来ました。

模擬裁判では5人くらいのグループでひとつの事件を担当し、ぼくたちは検察官の役でした。犯人役として大学生にも来てもらって、迫真の演技で裁判を展開したんです。そのとき、本職の検察官の方が見せてくれた法律の深い知識と的確ですばやい判断力からは、プロフェッショナルとしての誇りが感じられて、将来自分も何かの分野でプロフェッショナルになりたいと思いました。この体験が将来の仕事を考えるきっかけになったと思います。

Q この仕事をめざすなら、今、何をすればいいですか？

商社パーソンをめざすためだけではないのですが、学生時代は夢中になれるものを見つけて打ちこむことが大事です。勉強でもスポーツでもほかの趣味でも、何か目標を決めて、それに向かって苦難を乗りこえて努力した経験は、社会人になっても活きてきます。

ぼくは父親が教師だったせいか、学生時代は企業で働くことに対してはっきりとしたイメージを描けませんでした。職場体験に積極的に取りくんだり、まわりのおとなと仕事について話したりして、自分にはどのような職業が合っているのか見極める機会を増やしていくといいと思います。

中学3年生のころ。検察官の仕事はドラマを観てかっこいいと感じる程度だったが、職場体験を経て検察官になりたいと思った。

日本でも世界でもどんな状況にも完璧に対応できるプロフェッショナルになりたい

− 今できること −

ふだんの暮らし

外国企業との交渉が多い商社では、英語をはじめ外国語は重要です。英語などの外国語は、読む・書くだけでなく、聞く・話すという技能まで学習して、外国語能力をみがきましょう。商社パーソンはコミュニケーション能力が高く評価されます。部活動などを通して、まわりと協力しながら何かを成しとげる力を身につけるとよいでしょう。政治や経済に関する国際社会のニュースについて、新聞やテレビ、WEBサイトからはば広い知識を身につけていくことも必要です。

 国語 住んでいる国の文化に対して深い知識と理解があってこそ、本当の国際人です。日本の文学を通じて、日本文化への知識を深めておきましょう。

 社会 社会科の中でも、地理の内容は、商社パーソンになってからすべて活きていきます。各国の文化、社会、経済について興味をもってください。教科書以外の内容にもふみこんで学習してください。

 体育 時差のある外国とのビジネスには強い精神力と体力が必要です。運動で体をきたえましょう。

 英語 中学校で学ぶ英語で日常英会話の基本は習得できます。読み書きもしっかり勉強しておきましょう。

File No.34

旅行会社営業
Travel Agent

JTB
コーポレートセールス
福満 遼さん
入社7年目 28歳

お客さまにとって
「発見」のある
旅行をつくりたい

旅行は、未知のものと出会う感動であふれています。そんな旅行の準備から旅行の同行まで、頼もしくサポートをするのが、旅行会社の営業の仕事です。旅行の中でもとくに、修学旅行を専門に担当している福満遼さんにお話をうかがいました。

Q 旅行会社の営業とはどんな仕事ですか？

旅行会社の営業の仕事は、お客さまの希望に合った旅行プランをつくり、提案することです。交通手段や訪問先、宿泊先を手配して、旅行の規模によってはいっしょに旅先をまわります。「旅行」とひと口に言っても、家族旅行や社員旅行など、さまざまですよね。ぼくは、そのなかでも、私立の中学校や高校の修学旅行を担当しています。

ぼくの仕事は、学校への営業から始まります。旅行会社はたくさんありますが、その中から選んでもらえるよう、旅行の企画書をつくって提案するんです。選んでもらえたら、先生方と打ち合わせをして、予定を細かく決めていきます。

当日は、旅先へ同行します。行き先は、国内、海外とさまざまです。旅行中は、生徒たちが安全に旅行ができるように、つねに緊張感をもっています。旅行が無事に終わったら、先生たちと会議をして反省点を出しあいます。ここまでが、ひと通りの流れです。

Q 仕事をする上で、心がけていることは何ですか？

学校によって、修学旅行先はさまざまなのですが、なかには海外へ行く学校もあります。そんなときは、事前に現地の治安などをよく調べて準備するようにしています。

これまでに台湾やグアム、アメリカ、オーストラリア、フランス、イタリアなどに行きました。場所によって、治安も文化もいろいろです。

生徒の中には、海外旅行が初めての人もいます。旅行前に、授業の1コマをもらって、説明会をする場合もあるんですよ。授業では、飛行機に乗る時間や日本との時差、現地の気温や服装、盗難対策など、ひと通りのことを説明します。

少しでも旅先のことを知ってもらって、生徒や保護者に、安心して旅行当日をむかえてほしいと思っているんです。

学校へ旅行の企画を提案する前に、必ず社内で打ち合わせをする。先輩の意見をよく聞いて、企画書に反映させる。

先生に提出する書類のほか、生徒への注意点をまとめたプリントなど、旅行当日までにたくさんの書類をつくる。

Q どんなところがやりがいなのですか？

修学旅行に参加した生徒が、旅先で将来につながるような気づきやきっかけをつかんでくれることがあります。そんなときは、喜びを感じますね。

例えば、「修学旅行で初めて海外へ行ったことがきっかけで、将来は海外で働いてみたいと思った」と言ってくれる生徒や、「わたしも福満さんのような仕事がしたい」と言ってくれる生徒がいました。自分が企画に参加した旅行で、生徒たちが将来について、前向きな何かをつかんでくれると、本当にうれしいんです。

福満さんの1日

- 09:00 出社
- 10:00 学校を訪問。先生との打ち合わせもこの時間帯に行う。
- ▼ ひまを見つけてランチをする
- 15:00 会社にもどって、学校で打ち合わせした内容をまとめたり、企画を考えたりする
- 18:00 退社

Q なぜこの仕事をめざしたのですか？

旅行という、「かたちがないもの」を売る仕事だというところに魅力を感じたからです。例えば車や家電製品を売る場合は、ぼくが勝手にデザインや性能を変えるわけにはいきません。でも、旅行には決まった「かたち」がありませんから、ぼくが自由に考えたプランで、お客さまに思い出や感動を提供することができるんです。

また、ぼくは中学生から大学生まで野球をやっていたのですが、大学時代に、所属していた野球部の合宿や遠征を、ずっとJTBにサポートしてもらっていました。そのとき、旅行会社の仕事を間近に見て、どんなふうに働くかイメージすることができたのも大きな理由だと思います。

さまざまなツアーのパンフレットを読む。「情報の蓄積が多いほど、提案できることが増えるんです」

Q 仕事をする上で、どんな工夫をしていますか？

旅行雑誌などで見て期待していたのに、実物を見たら「思っていたのとちがう」と感じた経験はありませんか？ 生徒たちがそういう思いをしないように、旅先で見るもの、食べるものについて、なるべく事前に説明するようにしています。

ぼくの経験上、旅先では、食事の味がイメージとちがう、ということが多いようです。とくにそういう反応が多いのは、マレーシアやシンガポールなど東南アジアの食事です。でもそれは、東南アジアの食事がまずいのではなく、たんに日本人が食べなれていないからということもありますよね。なので、食事の前に「これがこの国の味なんですよ」と、きちんと伝えます。ぼくが事前に説明することで、少しでも、イメージと現実との差をなくすことができたらと思うんです。

ただ「まずい」と思うだけなのと「海外の食事は日本とちがう」と知るのとでは、経験の意味合いも変わってきますよね。

Q 仕事をする上で、むずかしいと感じる部分はどこですか？

旅行は「生もの」です。交通機関のおくれなど、予測していないことも起こります。そんなときは、すばやく判断して予定を調整しないといけないので、大変ですね。とくに海外では、言葉の壁や、時間の感覚のちがいがあるので、対応に苦労します。何度、「英語をもっと勉強しておけばよかった」と思ったかわかりません。

また、国内旅行でも海外旅行でも、ぼくは現地のガイドと協力して旅行のお世話をします。国によって、ガイドの方の感覚もちがうので、日本人にとっての「当たり前」を、海外の人に押しつけないよう気をつけています。例えば、日本人のガイドなら、少し予定が長引いても「心意気」でつきあってくれることが多いですが、ヨーロッパのガイドは時間が来たら、きっちり帰る人が多いです。でも、それはどちらが正しいということではなく、感覚のちがいなので、それをふまえた上で、協力をお願いするようにしています。

アメリカのロサンゼルスへ修学旅行で行ったときの写真。左は、現地でいっしょに仕事をしたガイド。「何日間もいっしょに仕事をするうち、信頼関係が生まれます」

Q ふだんの生活で気をつけていることはありますか？

人とのつながりを大事にすることです。修学旅行は、1年半～2年という、長い時間をかけて準備をする仕事です。その間は、先生方とコミュニケーションをなるべくとって、ぼくのことをよく知ってもらうようにしています。そうすることで、信頼関係が生まれて、よい旅のプランをつくることができると思うんです。

例えば、旅が好きな先生には、自分がプライベートで旅行をして「いいな」と思った場所の情報をまとめてお渡ししたり、あとは、ぼくの特技でもある野球の話で盛りあがったり。野球については、修学旅行に同行させていただいた学校へ、コーチとして教えにいったこともあります。それほど、深いおつきあいになることもあるんですよ。

Q これからどんな仕事をしていきたいですか？

具体的に「こんな仕事がしたい」ということではないのですが、旅行中は、おとなの代表として、生徒たちに「働くおとなってかっこいい」と思ってもらえるような仕事の仕方をしたいと思っています。

中学生や高校生のころって、おとなが働く姿を見る機会が意外と少ないと思うんです。そう考えると、修学旅行中は、ぼくたちの仕事を見るよい機会ですよね。

ぼくが働く姿を通して、生徒たちに「働くのって楽しそうだな」とか「旅行会社の仕事っておもしろそう」と、ポジティブなイメージをもってもらえればと思っています。ぼくはこの仕事が好きなので、修学旅行をきっかけに、旅行会社で働きたくなった生徒がいたら、本当にうれしいです。

- 名前入りのペン
- ノート
- スケジュール帳

PICKUP ITEM

ノートは、社内や学校との打ち合わせで決まったことを書きとめるために、いつも持ちあるいている。いそがしいときは、同時期に6校ほどと旅行の打ち合わせがあるので、スケジュール帳は手放せない。名前が入ったペンは書き心地がよく、入社当時からずっと使っているもの。

ツアーに同行するには……

ツアーに同行する添乗業務をするには、旅程管理主任者の資格が必要です。ただし、この資格を取るには旅行関係の仕事で経験を積む必要があるため、多くの人は大学や専門学校を卒業後、旅行会社に就職したり、添乗員派遣会社に登録したりします。旅程管理主任者には国内旅行だけ添乗できるものと、国内・海外どちらでも添乗できるものがあるので、目的に応じて選択します。

大学・専門学校
↓
旅行会社に就職するか、添乗員派遣会社に登録する
↓
研修を受けて、旅程管理主任者の資格を取る
↓
添乗業務ができる

Q 旅行会社の営業になるにはどんな力が必要ですか？

まわりの人を巻きこんで、何かを成しとげる力です。例えば、旅先でトラブルが起こったときには、現地のガイドに手伝ってもらって、解決しなくてはいけません。言葉があまり通じなくても、「お客さまのためにいっしょに何とかしよう」と相手に思わせるのも、巻きこむ力なのだと思います。

仕事は、ひとりの力で完結しないものです。わからないことや、困ったことがあれば、まわりの人の力を借りる必要があります。そうなったとき、いかに気持ちよく協力してもらえるかが大事だと思うんです。この力は、人とコミュニケーションをとる中で養われるのだと思います。

社内でも、持ち前のコミュニケーション能力で、いろいろな人からアドバイスをもらう。

福満さんの夢ルート

- **小学校・中学校 ▶ プロ野球選手**
  小学2年生で野球を始めてから、プロをめざしてがむしゃらに練習した。

- **高校 ▶ 高校教師**
  高校で出会った先生の影響で、高校教師になりたいと思うようになった。

- **大学 ▶ 旅行会社の営業**
  大学でも野球部に所属。合宿のとき、JTBのサポートを受けたことがきっかけで、旅行会社の営業をめざすようになった。

Q 中学生のとき、どんな子どもでしたか？

野球部に入って、野球中心の生活を送っていました。でも、勉強も同じくらい一生懸命やっていましたね。

中学校に入学して最初のホームルームで、担任の先生が「中学生は、勉強も部活もがんばるのが当たり前なんだ」と話してくれたんです。その言葉は、不思議とすーっと頭の中に入ってきて、3年間、部活も勉強もがんばることができました。

また、両親からも「テストのためではなく、将来の選択肢を増やすために勉強しなさい」と言われていました。当時は「本当に意味があるのかな？」と思うこともありましたが、おとなになった今は、その通りだったなと感謝しています。

中学生時代の福満さん。「野球が本当に好きでした。今も、地元の友だちと草野球チームをつくって、たまにプレーしています」

Q 中学のときの職場体験は、どこに行きましたか？

中学2年生のときに、3日間、ヤマト運輸にお世話になりました。同級生10人くらいで行ったと思います。

体験先は地域の営業所で、荷物を仕分けしてトラックに積みこんだり、伝票の整理をしたりしました。荷物の仕分けをするときは、まちがえてしまうときちんと届かないので、どきどきした覚えがあります。

「働く」という経験をしたのは初めてだったので、純粋に楽しかったですね。

Q 職場体験では、どんな印象をもちましたか？

ヤマト運輸の方々が、テキパキと働く姿を見て、かっこいいなと思いました。

あと、運送業者の仕事というと、「荷物を運ぶ」という印象が強かったので、裏では伝票整理などのデスクワークも行っているんだな、と意外に思いました。

仕事をするおとなの姿はとても新鮮でしたし、一生懸命働くのは、すてきなことなんだなと学びましたね。

Q この仕事をめざすなら、今、何をすればいいですか？

海外へ行くことが多い職業なので、英語はたくさん勉強しておいてほしいです。ぼくも今、プライベートで時間を見つけては勉強しています。

よく「英語がしゃべれたら何十億人と話せる」というような言葉を耳にしますが、本当にそうだなと思いますね。アメリカやオーストラリアのような英語圏はもちろん、アジアでもヨーロッパでも、英語が話せれば何とかコミュニケーションが取れると思います。

中学校で習う基礎は、とくに大切だと思うので、しっかり身につけておいてください。将来きっと役に立ちますよ。

中学1年生で身近なおとなにインタビューしたときの文集。福満さんは父親にインタビューした。

中学2年生で行った職場体験を通じて調べたことや感想をまとめた文集。

旅行は「かたち」がないもの 自分なりのプランを提供できるところが魅力なんです

ー 今できること ー

ふだんの暮らし

旅行会社の営業には、状況を見て、臨機応変に行動する力が必要です。学校でも、学校の外でもまわりのようすを見て、困っている人がいたら助けられるよう、意識しましょう。

また、正しい判断力と責任感も必要です。クラスでの話し合いがあったら、みんなの意見をじっくり聞いて、リーダーシップを取る力も身につけておくといいでしょう。

さらに、体力やがまん強さも求められる仕事なので、今から運動などできたえておきましょう。

国語 外国の人と交流するとき、日本語や日本の文学について紹介できると、コミュニケーションのきっかけになります。しっかり学んでおきましょう。

社会 旅行会社では、いろいろな土地の知識を頭に入れてお客さまを案内しなければいけません。地理や歴史はとくにくわしく学んでおきましょう。

体育 体力がなければ、この仕事はつとまりません。積極的に運動して、体力をつけておきましょう。

英語 海外旅行への同行はもちろん、来日した外国人観光客の案内にも英語は必須です。まずは海外の案内表示が読めるよう、英単語の語彙力をつけておきましょう。

File No.35
日本ユネスコ協会連盟職員
UNESCO NGO JAPAN Staff

日本ユネスコ協会連盟
井上 葵さん
入局2年目 28歳

平和な世界をめざして、未来をよくしようと仕事をしています

戦争、貧困、震災と、世界はさまざまな困難をかかえています。こうした困難から、人々の生活や自然、文化を守ろうと活動を続けているNGO※が、公益社団法人日本ユネスコ協会連盟※です。どんな仕事をしているのか、井上葵さんにお話をうかがいました。

用語 ※NGO ⇒国際協力をおこなう民間人や民間団体の組織のこと。

Q 日本ユネスコ協会連盟では、どんな仕事をするのですか？

平和な世界をめざして、さまざまな活動を行っています。世界には、戦争や貧困で苦しんでいる人がたくさんいますよね。こうした問題は、すぐに解決するのは、むずかしいかもしれません。

国連にはUNESCO（国際連合教育科学文化機関）があって、教育、科学、文化を発展させることによって世界の平和を実現しようとしています。「戦争は人の心の中で生まれるものであるから、人の心の中に平和のとりでを築かなければならない」で始まるユネスコ憲章。わたしたち日本ユネスコ協会連盟は、このユネスコ憲章のかかげる理念に基づいて地道に活動を続け、未来を少しでもよくしようと仕事をしているのです。

その活動のひとつが、学校代わりの教育施設「寺子屋」をつくることです。世界には、戦争で学校が破壊された国、女性に教育は必要ないという考えの国、子どもも働かないといけない国などがあります。そうした、だれもが教育を受けられるしくみが整っていない国に寺子屋をつくるのです。

学校で異文化を学べば、過去の戦争がまちがっていたと知り、人びとの心に平和の心が育っていくはずです。また、読み書きができるようになると、安定した収入が得られる仕事が見つかりやすく、貧しい生活からぬけだすきっかけにもなるんですよ。

日本でも、震災で両親を亡くした子どもや、学校を失った子どもたちに、奨学金の支援などを行っています。

こうしたわたしたちの活動に使うお金は、一般の方たちから集まった募金がほとんどなんですよ。

開発途上国の教育支援、世界遺産の保護など、活動のはばは広い。資料室には、過去のプロジェクトの資料がぎっしりとつまっている。

Q どんなところがやりがいなのですか？

「だれかのためになりたい」という思いで働けるのが、この仕事のいいところだと思います。

じつは、以前つとめていた会社が、お客さんの気持ちより、利益を上げることを優先する考え方だったんです。わたしは、利益のためだけに働くということに意味を見いだせませんでした。日本ユネスコ協会連盟では、「だれかの幸せのため」、「よりよい未来のため」、という目的が最初にあります。だから、毎日やりがいを感じて働くことができるんです。

井上さんの1日

- 09:00 出社。給茶機への茶葉の補充やたなの整頓、机のそうじなど、始業の準備
- 09:30 始業。みんなで「ユネスコの歌」を歌い、ラジオ体操をしてから朝礼
- 09:45 メールチェック、午後の会議の資料の準備
- 11:00 郵便物をチェック。「書きそんじハガキ」や奨学生からの手紙を仕分けする
- 12:30 ランチ
- 13:45 会議
- 14:30 次の事業準備や出張の準備
- 19:00 退社

井上さんは、全国各地でイベントや勉強会に参加している。各地の日本ユネスコ協会と連絡を取り、準備する。

用 語 ※日本ユネスコ協会連盟 ⇒ 国連のUNESCOのかかげる理念に賛同し、活動するNGO。全国におよそ288のユネスコ協会があり、日本ユネスコ協会連盟はその中心となる。

Q 仕事をする上で、大事にしていることは何ですか？

日本ユネスコ協会連盟の活動は、一般の方からの募金によって支えられています。多くの方の善意によって、仕事が成りたっていることは、いつも忘れず心にあります。

わたしたちの活動は地道なものです。何かをしても、世の中が急速によくなるわけではありません。すぐに成果が出ないことが多いので、もどかしい気持ちになることもあります。そんなときは、支援してくださる方々の温かい気持ちや、未来を変えたいという気持ちをはげみにしています。

Q なぜこの仕事をめざしたのですか？

小学生のときから、地元のユネスコ協会の活動に参加していたことが、今の仕事につながったと思います。

日本には、各地に288のユネスコ協会がありますが、わたしが育った街にも、その中のひとつがありました。地元では、開発途上国に学校をつくるための募金活動や、世界遺産についての勉強会、留学生との交流イベントに参加しましたね。平和や文化について考える機会がたくさんありました。

大学を卒業して、一度は一般企業に就職しましたが、人や社会のためになる仕事がしたいという気持ちが強くなり、会社をやめて大学院に入りました。そこで、文化や自然を守る活動について勉強を始めたんです。論文の資料を借りるため日本ユネスコ協会連盟に出入りしていたとき、職員の人にいっしょに働かないかとさそわれました。

Q 今までにどんな仕事をしましたか？

職員になってすぐ、韓国で行われた「日中韓青年文化フェスティバル」の責任者を任されました。日本、中国、韓国の3か国の高校生たちが集まって、おたがいの文化や習慣を理解しあうイベントです。ただ理解を深めるだけでなく、世界の環境問題について意見を交わし、未来のために、自分たちにできることを、みんなで考えるのが目的でした。

わたしは、何か月も前から各国のユネスコ協会の職員とやりとりをして、このイベントの準備を行いました。イベントは3日間で、期間中は日本からの参加者がうまく交流できるようにサポートしました。現地での会話はすべて英語だったし、日本からのスタッフはわたしひとりだったので、とても緊張したのを覚えています。

Q 仕事をする上で、むずかしいと感じる部分はどこですか

日本ユネスコ協会連盟の活動や目的を、もっともっと世間の人に知ってもらうことです。

全国各地のユネスコ協会では、地域問題や国際問題を解決するために、募金活動をはじめ、さまざまな活動をしています。海外に寺子屋をつくったり、被災地の学生たちに奨学金を出したりするのも、その一環です。

しかし、せっかくよい取り組みをしていても、多くの人にその取り組みについて知ってもらわなくては、募金も集まらないし、活動も広がっていきません。

みなさんから応援してもらうためにも、もっとがんばって、わたしたちの活動について、広く知ってもらわなくてはいけないなと感じています。

• 大きなリュックサック •

• 日本ユネスコ協会連盟についての資料 •

PICKUP ITEM

イベントでは、いろいろな作業があるので、両手が空く大きなリュックサックが欠かせない。出張先では、日本ユネスコ協会連盟の活動を知らない人に会うことも多いので、活動の内容をまとめた資料をたくさん持っていって配布する。

Q ふだんの生活で気をつけていることはありますか？

いくら仕事にやりがいを感じていても、無理をして体調をくずしてしまってはいけないので、体調管理に気をつけています。

必要があれば残業もしますが、習慣となってしまうと、ストレスがたまって、からだをこわす原因になってしまいます。

社会やだれかのために働けるのも、自分の健康や心の余裕があってこそだと思うんです。なので、どんなにいそがしくても、友だちに会って楽しい時間を過ごしたり、適度に運動したりするようにしています。

Q これからどんな仕事をしていきたいですか？

わたしたちは東南アジアを中心に、「寺子屋」という学校をつくる「世界寺子屋運動」をしています。日本にも、この寺子屋のように、無料で教育を受けられる場所をつくれたらいいなと思っています。

教育が受けられない子どもが多い国は、開発途上国や紛争国に目立ちます。でも、日本にも、学校に行けない子どもたちが増えてきているんです。実際に、日本でも貧富の差は深刻になってきているので、そのために何ができるのかを考えていきたいです。

「世界寺子屋運動」では、書きそんじの郵便はがきや、未使用の切手などを集めて、資金としている。事務所には、はがきを投函するポストがある。

寺子屋では、職業訓練の授業も行われている。写真は、寺子屋に通う女性たちがホテイアオイという水草でつくったバッグ。

日本ユネスコ協会連盟の職員になるには……

日本ユネスコ協会連盟の職員になるのに、特別な資格は必要ありません。しかし、大学卒業後、3年以上の社会人経験を経た人が望ましいとされています。海外とのやりとりが多いので、英語力は必須です。また、他国を支援する活動や文化財の保護活動を行うので、大学では、国際協力や世界遺産に関する知識を学んでおくとよいでしょう。

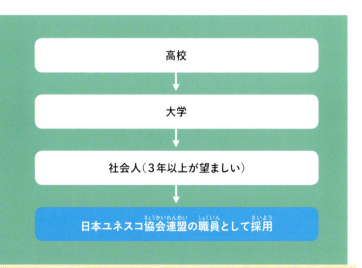

高校
↓
大学
↓
社会人（3年以上が望ましい）
↓
日本ユネスコ協会連盟の職員として採用

※ 日本ユネスコ協会連盟では、定期的な採用は行われていません。ホームページで確認してください。

Q 日本ユネスコ協会連盟の職員になるにはどんな力が必要ですか?

世界で起きている問題を、自分のことのように考えられる人が向いていると思います。遠い国のことでも関心をもって、そこで暮らす人たちの立場になって考えてみようとする人は、十分世界に貢献する仕事ができると思います。

日本ユネスコ協会連盟の目的は世界の平和を実現すること。世界平和と聞くと、特別な能力が必要に感じるかもしれませんが、「世界のために働きたい!」という意欲が何よりも必要です。利益やお金がいちばん大切と考えるような人だと、続けていくのがつらい仕事だと思います。

井上さんの夢ルート

小学校→高校 ▶ イルカの調教師
イルカショーで、キスをしてもらったのがきっかけでイルカに夢中になりイルカの調教師にあこがれた。小学6年生からユネスコ協会のボランティアとして活動開始。

大学 ▶ 国際関係職
英語を使って、海外と関わることができる仕事に就きたいと考えるようになった。

一般企業へ就職
海外の企業の社長や要人のために、ハイヤーやタクシーを手配する企業に入社。大学院への進学をめざし、3年目の夏に退職。

大学院 ▶ 日本ユネスコ協会連盟の職員
世界遺産について学ぶため大学院へ。長い間、ボランティアをしていたことがきっかけで、日本ユネスコ協会連盟の職員に。

Q どんな子ども時代を過ごしましたか?

わたしは幼稚園から小学3年生まで、アメリカで過ごしました。通っていた学校には、韓国やイスラエル、イラクなど、さまざまな国籍の子がいました。みんなで仲良く遊んだり、たまにはケンカもしたりして、いつもいっしょにいることが当たり前でしたね。だから、国籍や人種のちがいというのを深く考えたことがなかったんです。このころの体験が、世界を身近に感じられるようになったきっかけかもしれません。

中学校では、バドミントン部の部長をつとめていました。顧問の先生はバドミントンの経験がなかったので、部長のわたしが練習メニューを考え、試合のレギュラー選手も決めていたんです。かなり責任の重い仕事ですよね。でも、今の仕事では、交流会や勉強会を仕切ることが多いので、あのときの経験が役立っていると感じています。

中学時代、バドミントン部でのようす。「目立つことをするのは苦手でしたが、部長として、指導をするのは苦になりませんでした」

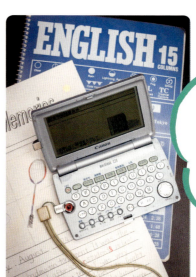

中学時代に使っていた電子辞書。「わたしは帰国子女ですが、英単語の意味は辞書で調べて、正確に理解できるよう心がけていました」

Q 中学のときの職場体験は、どこに行きましたか？

5日間、保育園で職場体験をしました。わたしには、5歳下の妹がいて、小さいころはよくめんどうを見ていました。そのころのことを思い出しながら、子どもたちに接するようにした記憶があります。

わたしが行ったのは2歳児のクラスで、自分で歩けるようになったばかりの子や、まだしっかりとは話せない子がいました。そこで保育士さんにつきそってもらいながら、ご飯を食べさせたり、寝かせたり、いっしょにおどったりしたんです。

子どもたちがとてもなついてくれたので、最後は別れるのがつらかったですね。

Q 職場体験では、どんな印象をもちましたか？

当時のわたしは、ユネスコ協会の活動をしていたこともあって、働くのはお金のためではなく、必要としてくれるだれかのためだと思っていました。保育士さんたちの仕事ぶりを近くで見て、その考えがますます強くなりましたね。

ハードな仕事なのに、疲れも見せず、子どもたちとまっすぐ向き合う姿に感動したんだと思います。

Q この仕事をめざすなら、今、何をすればいいですか？

この仕事は、つねに世界とつながっているので、共通語である英語の勉強はしっかりしておきましょう。読み書きも大事ですが、自分の考えを伝えることができて、人とコミュニケーションが取れる、生きた英語を身につけてください。

あとは、ふだんから世界や平和について考える時間を増やすといいと思います。地域のユネスコ協会でボランティア活動をしたり、「ユネスコ憲章」を読んだりしてはどうでしょう。いちばんのおすすめは、外国人の友だちをつくること。遠いと感じていた国も、身近に感じられるようになるはずです。そうした感覚は、国際貢献をする上で、大切だと思います。

「世界のために働きたい」という意欲があることが何よりも大切です

― 今できること ―

ふだんの暮らし

日本ユネスコ協会連盟では、メールや電話などで海外とやりとりする機会が多くあります。読み書きはもちろん、自分の意思を正確に伝えられる英語力をみがいておきましょう。

日本ユネスコ協会連盟の職員は、人のため、世界のためを思って働きます。ふだんから、クラスメイトが困っているときなど、その人のために何をすればよいのか、考えて行動する習慣をつけましょう。学校や地域のボランティア活動があれば、積極的に参加してみましょう。

 国語
活動の報告書や、イベントの資料をつくるとき、文章力が欠かせません。英語だけでなく、日本語の作文にも力を入れましょう。

 社会
海外支援に参加するには、世界のさまざまな地域の情勢を知っておく必要があります。地理の内容はとても勉強になります。また教科書だけでなく、インターネットも活用してはば広い知識を身につけましょう。

 美術
ユネスコは文化を守る活動も行っています。歴史的な建築や美術作品、工芸品について学びましょう。

 英語
海外と協力して仕事をするのに、英語力は欠かせません。読み書き、会話など、まんべんなく力をつけましょう。

File No.36

JICA職員
JICA Staff

JICA
伊藤綱貴さん
入構4年目 26歳

開発途上国の人たちと力を合わせて働いています

世界人口の約8割、52億人が生活のきびしい開発途上国で暮らしています。そうした人々のため、国境を越えて課題解決に協力しているのがJICA※です。どのような仕事なのか、職員の伊藤綱貴さんにお話をうかがいました。

用語　※JICA⇒独立行政法人国際協力機構。日本政府の開発途上国へのさまざまな国際協力事業をうけおっている機関。

Q JICAの仕事とはどのようなものですか？

JICAでは、開発途上国に協力するために「お金をあげる」「お金を貸す」「技術を教える」という3つの取り組みを行っています。

「お金をあげる」ときは、下水道の整備、発電所や学校、橋の建設など、人々の生活を豊かにするプロジェクトを行い、資金を日本が負担しています。

「お金を貸す」ときは、未来のために使う資金を日本が貸します。当たり前ですが、お金を借りた国はいつかは返さなければいけませんし、利子も払います。だから、現地の人たちは、そのお金でできる本当に自分たちに必要なことは何かを真剣に考えるんです。

援助をして大きな施設をつくったら、次にその施設を動かすための「技術を教える」ことも忘れてはいけません。例えば発電所をつくったら、その運営方法や維持管理の仕方を教えるために、日本の技術者を現地に派遣するんです。

JICAの職員は開発途上国に対して、「一方的に何かをあたえて助ける」というよりは、ランナーのそばについて走る伴走者のように、「いっしょにがんばっていこう」という気持ちで働いています。

Q どんなところがやりがいなのですか？

若手であっても、責任のある仕事をやらせてもらえることです。ぼくたちは、大切な税金の一部を国からあずかって、開発途上国の支援のために働いています。当然、ひとつひとつのプロジェクトも規模が大きく、たくさんの人が動くことになります。そんな責任あるプロジェクトを計画の段階から任せてもらっています。本当にやりがいを感じますね。

Q 仕事をする上で、大事にしていることは何ですか？

開発途上国がかかえる問題は、貧困や紛争、エネルギー問題や環境問題とさまざまです。目の前にある課題ははば広いので、そのときの課題解決に必要な知識を毎回身につけるように努力しています。

例えば、ぼくは最初にイラクの下水道の整備を担当しましたが、今は開発途上国全体のエネルギー問題を担当しています。自分の担当分野が変わるたびに、先輩たちにおすすめの本を教えてもらって勉強しているんです。

また、開発途上国の人たちと現地でプロジェクトを進めることも多いのですが、そのとき、自分の価値観を押しつけないようにしています。環境も習慣もちがえば考え方も当然ちがってくるので、意見が食いちがっても「なぜ？」と聞かないように気をつけていますね。それよりも歩みよって、おたがいの妥協点を見つけることが大切なんです。

全体を見わたす広い視野とコミュニケーション能力が必要。職場では意見交換をひんぱんに行う。

「プロジェクトの計画や予算の管理を任せてもらっています。プロデューサーという感じですね」と伊藤さん。

伊藤さんの1日

- 08:30 現地のJICA事務所へおもむく。事務所のスタッフと打ち合わせ
- 10:00 現地の役所で打ち合わせ
- 12:00 プロジェクトチームとのランチミーティング
- 14:00 プロジェクトの現場視察
- 16:30 合間を見つけておみやげ購入
- 19:00 現地の関係者と夕食
- 21:00 宿泊先へ帰る

※海外出張の場合

Q なぜこの仕事をめざしたのですか？

小さいときからスケールの大きな仕事をしたいと思っていました。高校生のときには紛争をテーマにした『武装解除─紛争屋が見た世界』という本を読んで、とても衝撃を受けました。紛争地域の武装解除に貢献してきた著者の実体験が書かれている本です。それが紛争解決に興味をもつきっかけとなったんです。

大学生になってから海外へ一人旅に出て、旧ソ連のアゼルバイジャン国内にあるナゴルノ・カラバフという紛争のある地域に立ちよりました。そこでは、だれもがやがて徴兵され、兵士になっていきます。家族もそれを当然ととらえていました。そのことに衝撃を受け、本気で紛争解決の仕事をめざそうと決心しました。紛争が起こるのは、生活環境が悪く、貧富の差が激しい開発途上国です。国の開発を支援していくことは、紛争を防ぐことにつながります。そのためにJICAを志望しました。JICAでは開発途上国の人たちと協力して、世界の問題解決に直接働きかけることができます。

Q 今までにどんな仕事をしましたか？

JICAに入ってすぐに、イラクの戦後復興を支援するプロジェクトを任されました。戦争によって荒廃したイラクを立てなおすために、下水処理場をつくることが任務で、現地の水道局の人たちと話し合いを重ねて進めていきました。しかし計画の途中で、人事異動で担当を離れることになったんです。そのあと、次の担当者が、計画を引きつぎましたが、自分の手で計画を完成させたかったですね。

その翌年には、イラクの行政の人たちを東北の被災地へ研修に連れていきました。ISIL※の侵攻によって、イラク国内には大量の避難者が出ていたので、同じく震災によって多くの避難者が出た東北での対応の仕方を学んでもらおうと思ったんです。東北の方たちもつらい思いをされていた時期ですが、避難所での管理の仕方や、人々のケアの仕方を教えてくれました。そして「イラクの人たちの役に立つことが、自分たちの自信になる」とも言ってくれたんです。そのとき、「あたえることは、あたえられることでもあるんだ」と気づきました。この考えは、国際協力の仕事をしている上で、忘れないようにしていますね。

用語 ※ISIL⇒おもにイラクとシリアで活動するイスラム過激派組織。

Q 仕事をする上で、むずかしいと感じる部分はどこですか？

外国の人と同じ目標に向かって仕事をしていると、いろいろな場面で価値観や考え方のちがいに直面します。例えば、ぼくたちは開発途上国の発展のためには教育、つまり学校が必要だと考えますよね。でも、イスラム教の国の場合は、「学校を減らして、礼拝所であるモスクを増やそう」という意見が当たり前のように出てくるんです。彼らにとっては学校よりもモスクが大切で、モスクこそが教育の場だからです。価値観や考え方のちがう外国の人とは、おたがいのちがいを尊重しながら、よりよい解決策を見つけていく姿勢が大切だと思います。

また、国内にいるときは、海外のスタッフと細かく現状を連絡しあう必要があります。ぼくは今、開発途上国全体の資源・エネルギーの支援を担当していて、予測のできない事態が毎日発生します。その情報を確認しながら計画を調整していくために、テレビ会議をいろいろな国のスタッフと行います。中央アメリカや南アメリカのスタッフとは朝にテレビ会議をしますし、アフリカのタンザニアとのテレビ会議は午後からになります。世界との会議でいそがしい時間は1日に何度となくめぐってくるんです。

海外の事務所とは電話で密にコミュニケーションをとる。時差があるので、夜の8時ごろからやりとりが増えることも。

Q ふだんの生活で気をつけていることはありますか？

10冊くらいの本を同時に読みすすめていくことを習慣にしています。じつは、小さいときから1冊の本をずっと読みつづけるよりも、まったくちがうジャンルの本を並行して読む方が好きだったんです。この習慣のおかげで、いろいろな分野の知識を吸収して、考え方がかたよらなかったように思うので、今でも続けているんですよ。

小説を読んでいるときは、苦手な理系の本も読み、最新の本を読むときは、古典も同時期に読むんです。おもしろいことに、まったくちがうジャンルの本で得た情報が、頭の中でピピッとつながる瞬間があるんです。この感覚が大好きで、同時読みはやめられないですね。

あとは、リラックスする時間も大切にしています。休日になると、必ず実家に帰って、飼い猫にいやされていますね。

Q これからどんな仕事をしていきたいですか？

人生を通じて、ちがう価値観をもった人たちと協力しながら仕事をしていきたいです。これからも紛争解決のために働いていきたいです。JICAの職員は、必ず海外赴任をすることが決まっていますが、ぼくは紛争を経験したイラクやアフガニスタンでの勤務を希望しています。イラクでは、過激派組織の侵攻のために、最初に計画に関わったプロジェクトから人事異動になったこともあって、ふたたびチャレンジしたいという気持ちがありますね。

JICAでは、海外赴任は平均して3〜4年ほどの期間になります。海外赴任から戻ってきたあとは、広報の仕事をしたいと思っています。世間の人たちに、国際協力の意味と、なぜ助けあうことが大事なのかをしっかりと伝えていきたいんです。

- キーボード
- ホチキス

PICKUP ITEM

愛用のキーボードは人間工学に基づき手首が疲れない設計で、長時間のパソコン作業に適している。JAXA※との交流イベントで入手したホチキスは、かつて宇宙飛行士をめざしていた伊藤さんにとって、思い入れのあるアイテム。

1年後にはJICAの海外事務所で仕事をする予定。危険をともなう地域だが、イラクを希望している。

JICA職員になるには……

JICA職員になるためには、JICA職員採用試験を受けて、採用される必要があります。JICAの採用試験を受けるには大学もしくは大学院卒業資格が必要です。外国語でのコミュニケーション能力や、開発途上国の課題に関連する分野についての知識が求められる職業です。新卒者採用のほかに、専門性の高い職業を経験した社会人からの採用もあります。

高校 → 大学・大学院 → JICAに就職する

用語 ※JAXA⇒宇宙航空研究開発機構。宇宙航空の研究、開発や利用を行っている機関。

Q あなたを変えた経験はありましたか？

大学4年生のとき、シルクロードを旅しました。大学を半年間休学して、中国の西安からイタリアのローマまで、飛行機を使わずに、陸路と海路だけで旅をしたんです。開発途上国もたくさん訪れました。そこで出会った人たちは、裕福なわけでもないのに、ぼくのことを歓迎してもてなしてくれました。「自分の力でどこまで行けるか」を試すために出た旅だったのに、旅の中で出会った人たちに支えてもらえたことが、うれしかったですね。このときの恩返しがしたくて、国際協力のできる仕事に就こうという気持ちになりました。

それに、旅をしながら「国家」や「民族」という枠組みがばからしく思うようになりました。シルクロードを進むにつれて、人の顔も言語も、習慣も肌の色も少しずつ混ざりあって変わっていくんです。それを国境でばっさりと区切ってしまうことに違和感をおぼえたんですよね。

Q JICA職員になるためには、どんな力が必要ですか？

JICAの仕事では、物事の全体を見る力と、ピンポイントの課題に集中する力の、2つが同時に求められます。具体的にいうと、開発途上国での大きいプロジェクトを考える「構想力」と、実際に現場で働くひとりひとりと向きあう「現場力」の2つです。

また、「確実でないことを楽しめる力」というのでしょうか。予測できないことが日々発生する仕事なので、それを受けいれるおおらかな心と臨機応変に対応する力も大切です。

Q 中学生のとき、どんな子どもでしたか？

ぼくは好奇心が人一倍強い子どもだったと思います。「未知の世界を知りたい」という思いから、あらゆるジャンルの本を読んでは新しい知識にふれるのを楽しんでいました。中学校入学後の面談で、3年間の目標を先生に聞かれたときも「本を100冊読破したい」と言っていたくらいです。たくさんの知識を吸収すると、物事の感じ方が広がります。

本を通じてさまざまな知識にふれたことで、さらに好奇心がかきたてられて「今度は自分の目で未知の世界を見に行こう」と思うようになっていきました。そこで、高校3年生のとき、東京から北海道までを自転車で縦断する一人旅をしたんです。

伊藤さんの夢ルート

- **幼稚園〜小学校低学年 ▶ 宇宙飛行士**
  宇宙飛行士の夢は永久歯に虫歯ができて断念。
- **小学校高学年 ▶ 映画監督**
  総合学習の時間では映画を撮影した。
- **中学校 ▶ 都庁職員**
  職場見学がきっかけで公務員に興味をもつ。
- **高校 ▶ 紛争解決にたずさわる仕事**
  国連などの国際的な機関に興味をもった。
- **大学生 ▶ 起業→マスコミ→JICA**
  シルクロードの旅からJICAで国際協力することをめざすようになった。

読書のジャンルはさまざま。くりかえし読む愛読書は絵本から小説まで、はば広い。

高校生のときに、東京から函館への自転車一人旅へ。この旅のできごとをまとめて、当時高校の仲間とつくっていたフリーペーパーの記事にした。

Q 中学のときの職場体験は、どこに行きましたか？

中学校では職場体験はなかったのですが、横須賀の海上自衛隊を訪れて、隊員さんたちの働くようすを見学させてもらいました。大きな護衛艦の中を案内してもらい、ふだんの仕事について教えてもらいました。機密情報が多くて、見られない場所も質問に答えてもらえない部分もありました。そのときのようすから、自衛隊員さんたちがかかえる責任の大きさが伝わってきましたね。

Q 職場見学では、どんな印象をもちましたか？

自衛隊員さんがだれかのために働くことの喜びや誇りを語っていたのが、強く印象に残っています。安全を守り社会を助ける仕事だからこそ、仕事への誇りややりがいを感じられると気づかされました。ぼくも将来、だれかのために働きたいと、そう思ったんです。

また、ミサイル1発の値段が2億円以上もすると聞いて、大きな衝撃を受けました。サラリーマンが一生かけて稼ぐお金は2～3億円といわれてますが、ミサイルたった1発の値段がそれ以上に高額だとはおどろきました。国家機関の仕事のスケールの大きさとともに責任の重さも教えられ、それからは公的な仕事に興味をもつようになりました。

Q この仕事をめざすなら、今、何をすればいいですか？

中学生ならば世界旅行までハードルを上げなくても、日本国内でも近所でもよいので、いろいろな場所に旅行するといいですね。育った環境のちがう人たちとふれあって得た知識と経験は、いつか仕事上の課題を解決する「現場力」につながります。日本は世界にもめずらしい、南北に長い形をしています。それぞれの土地で少しずつちがう習慣が根づいていて、気候にも、技術や産業にも特色があります。

そういう多様性を今のうちに理解していくことは、JICAのように世界のあらゆる地域で働く仕事をする上で、とても役に立つはずです。

あたえることはあたえられること　国際協力の仕事をする上で基盤となる考え方です

– 今できること –

ふだんの暮らし

JICAが支援する開発途上国について理解することが必要です。できるだけ新聞を読み、ニュース番組を観ましょう。インターネットでも、読めるなら海外のWEBサイトでもチェックしてみてください。

本や映画、音楽などを通じて、英語圏だけでなく、さまざまな地域の文化に親しみましょう。

ボランティアに参加する機会があれば参加することをおすすめします。将来JICAで仕事をするときにもその経験が活きてくるでしょう。

 国語
国語の読解力と文章構成力を養うと、論理的に考える力もつきます。現代国語のみならず、古典や漢文にも興味をもって、日本文化の知識を習得しましょう。

 社会
歴史や地理、公民をきちんと学習することによって、世界の国々についての基礎知識は自然と身についていきます。中学校での社会科すべてをしっかりと学んでおきましょう。

 英語
中学校では日常英会話の基本を学ぶことができます。国際協力の仕事では英文メールのやりとり、テレビ会議などに使える英語力が必要になります。授業以外でも英語にふれる機会を増やすとよいでしょう。

仕事のつながりがわかる

インターナショナルな仕事関連マップ

相手国がアメリカとベトナムの場合

ここまで紹介したインターナショナルな仕事を、アメリカとベトナムとの関係を例に見てみましょう。

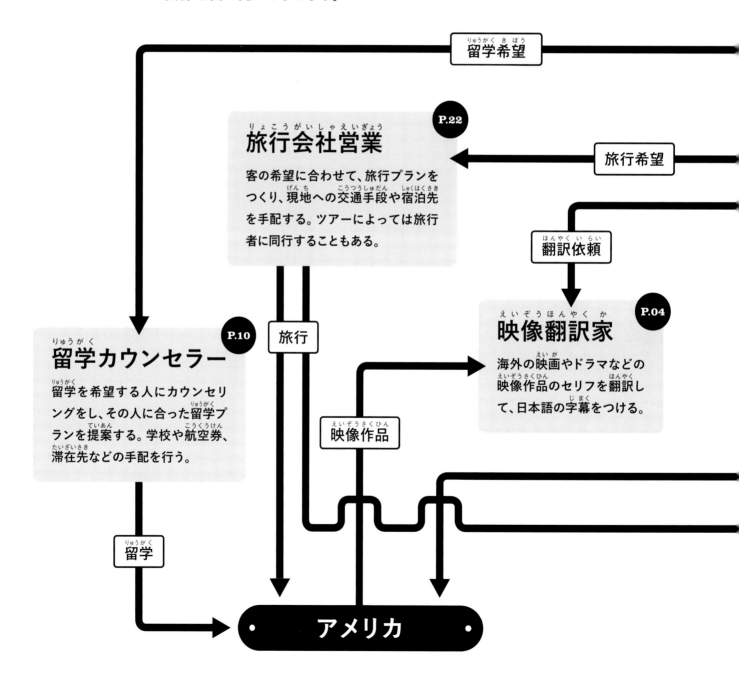

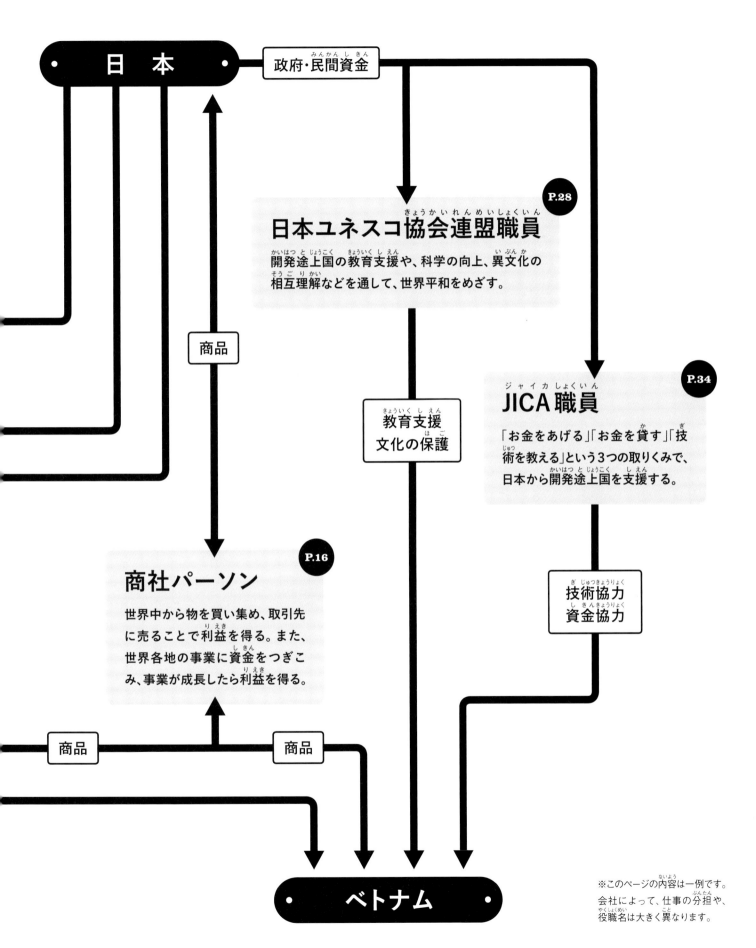

これからのキャリア教育に必要な視点 6
海外で活躍するために日本を知る

▶「英語が話せる中学生」が当たり前に!?

今、英語教育を取りまく状況は変わりつつあります。

これまでは中学校で英語を学んだだけで、英語を話せるようになる人は少なかったはずです。

そこで、国は英語教育を強化することを決め、2020年から小学校で、英語を必修科目とすることにしました。また、「英語が話せる中学生」を育てるため、中学校の英語の授業を充実させることを決めました。

現在の中学校の英語の授業は、聞くこと、読むこと、話すこと、書くことの4つの技能を総合的に育成し、コミュニケーション能力の基礎を養うことを目標に行われています。

2020年度からは中学校の英語の授業は、すべて英語で行われるようになり、授業の目標もより高く設定されます。おたがいの考えや気持ちを英語で伝えあうことが重視され、身近なことについて英語でコミュニケーションができる能力を育むことをめざすのです。

この場合のコミュニケーションは、単なる日常会話ではありません。新聞記事を読んだり、テレビを見たりして得た情報をもとに、自分の意見を英語で表現できるようになることがねらいです。例えば「地震の多い日本」というテーマで、外国の人と意見を交わすことができる中学生を育てようとしているのです。

このような内容は、これまでは高校で学ぶものでした。しかしこれから中学校の授業で行うにあたり、指導するがわもレベルアップが必要になります。国の方針では、すべての英語教師に英検準1級、TOEFL iBT（コミュニケーション能力を測るテスト）80点以上の英語力を求めています。外国語指導助手（ALT）も増やすことになっています。

また、人工知能（AI）がどんどん進化している現在、教室への教育用タブレットの導入が進めば、タブレットの翻訳機能を上手に使って授業することが当たり前になっていくと思います。英語の授業もまたITの技術でさらなる進化をしていくのです。

2020年以降の小学校から高校までの英語教育のあり方

小学校 ▶ 3年生より英語が必修化。
週1～2回英語の授業を行う。
5年生より週3回授業を行う。
専門の英語教師が授業に参加する。
10～15分の「モジュール授業」を開始。

中学校 ▶ 英語で授業を行う。
身近な話題について会話ができることをめざす。

高校 ▶ 英語で流暢に会話ができるようになることをめざす。
発表、討論、交渉を英語で行うことができることをめざす。
卒業時に英検2級～準1級、TOFFL iBT57点以上を目標とする。

出典:『グローバル化に対応した英語教育改革実施計画』文部科学省（2013年）

啓明学園中学校（東京都）の英語教育のようす。外国人の先生に、外国語指導助手がついて授業を行い、英語で自分の考えを表現する能力をのばしている。教科書の内容は2学期までに終え、3学期は洋書の読解を行う。

▶ 海外と比べることで日本がわかる

　ただし、英語が話せればそれだけで世界で活躍できるわけではありません。国は、英語教育の充実とともに、国語、社会、道徳の授業の量と質を見直し、日本のことについて学ぶ内容を増やそうとしています。

　その理由は3つあります。ひとつ目は、海外へ行けば、当然外国人から日本の文化についてたずねられるからです。そのとき、日本の文化に対し自分の意見が言えないと会話が成立しません。ふたつ目は、日本語で論理的思考ができない人には、英語での議論はできないからです。3つ目は、日本のことを理解し、比較することで外国のことを理解しやすくなるからです。

　わたしは社会科の授業内容を充実させることが重要だと考えています。これまでの歴史教育、地理教育は日本の過去と現在とを比較することが学びの軸でした。いわゆる「縦軸教育」というものです。そこに「横軸教育」の視点を入れてみてはいかがでしょうか？　例えば、日本の文化を学んだら、海外に同じような文化がないのかを考えるのです。こうした視点を養うことで、日本との比較で海外を知る機会が日常的に生まれるはずです。地理の分野でも、日本の「自動車の自動運転技術の開発」を学び、海外の状況と比べてみれば、日本の産業や技術の特徴を知ることになるでしょう。

　この本に出てくる人たちは、ふだんから外国の人たちと英語でコミュニケーションを取っています。国際的なビジネスの世界では英語を話せることは当たり前。多言語を学ぶ時代もすぐそこまで来ています。世界を舞台に、仕事の成果を出すためには、言葉が壁になってはいけないのです。

　世界中のどの国も、単独で発展していくことはできない時代となりました。就職したらすぐに海外勤務となる可能性もあります。キャリア教育の中では、中学生に英語を学ぶことの重要性をきちんと伝えてほしいと思います。そうすれば、英語にかぎらず、国語、社会などの授業に取りくむ生徒たちの姿勢も変わってくるはずです。

PROFILE
玉置 崇（たまおき たかし）

岐阜聖徳学園大学教育学部教授。愛知県小牧市の小学校を皮切りに、愛知教育大学附属名古屋中学校や小牧市立小牧中学校管理職、愛知県教育委員会海部教育事務所所長、小牧中学校校長などを経て、2015年4月から現職。数学の授業名人として知られる一方、ICT活用の分野でも手腕を発揮し、小牧市の情報環境を整備するとともに、教育システムの開発にも関わる。文部科学省「校務におけるICT活用促進事業」事業検討委員会座長をつとめる。

構成／林孝美

さくいん

あ
異文化 ……………………………………… 29, 41
イベント …………………………………… 29, 30, 33, 37
インターネット …………………………… 4, 5, 6, 13, 33, 39
WEBサイト ………………………………… 5, 21, 39
英語 ………………… 5, 6, 8, 9, 11, 13, 14, 15, 19, 20, 21, 24, 27, 30, 31, 32, 33, 39, 42, 43
映像制作会社 ……………………………… 7
映像翻訳家 ………………………………… 4, 5, 6, 7, 8, 9, 40
映像翻訳会社 ……………………………… 7
映像翻訳家養成学校 ……………………… 7
エクステンション ………………………… 13
SST ………………………………………… 5
NGO ………………………………………… 28, 29

か
ガイド ……………………………………… 24, 26
開発途上国 ………… 29, 30, 31, 34, 35, 36, 37, 38, 39, 41
カウンセリング …………………………… 11, 12, 13, 14, 40
環境問題 …………………………………… 30, 35
国際貢献 …………………………………… 33
国際協力 …………………………………… 28, 31, 34, 36, 37, 38, 39
国際社会 …………………………………… 21
コミュニケーション …… 13, 14, 20, 21, 25, 26, 27, 33, 35, 36, 37, 42, 43

さ
支援 …………………… 13, 29, 30, 31, 33, 35, 36, 39, 41
事業投資 …………………………………… 17
字幕 ………………………………………… 4, 5, 6, 7, 8, 40
JICA ………………………………………… 34, 35, 36, 37, 38, 39
JICA職員 …………………………………… 34, 35, 37, 38, 41
JICA職員採用試験 ………………………… 37
修学旅行 …………………………………… 22, 23, 24, 25
商社パーソン ……………………………… 16, 17, 18, 19, 20, 21, 41
職場体験（職場見学） … 8, 9, 15, 20, 21, 26, 27, 33, 38, 39
世界寺子屋運動 …………………………… 31
総合商社 …………………………………… 16

た
電子辞書 …………………………………… 7, 32
添乗員派遣会社 …………………………… 25
TOEIC ……………………………………… 11
トレード …………………………………… 17, 18, 19, 20

な
日本ユネスコ協会連盟 …………………… 28, 29, 30, 31, 32, 33
日本ユネスコ協会連盟職員 ……………… 28, 31, 32, 41

は
ビジネストレイニー ……………………… 18
貧困 ………………………………………… 28, 29, 35
プラン ……………………………………… 11, 13, 23, 24, 25, 40
フリーランス ……………………………… 6, 7
紛争 ………………………………………… 31, 35, 36, 37, 38
募金 ………………………………………… 29, 30
ボランティア ……………………………… 15, 32, 33, 39
翻訳 ………………………………………… 5, 6, 7, 8, 9, 40, 42

や
UNESCO …………………………………… 29
ユネスコ憲章 ……………………………… 29, 33

ら
留学 …………………… 10, 11, 12, 13, 14, 15, 19, 30, 40
留学カウンセラー ………… 10, 11, 12, 13, 14, 15, 40
旅行会社 …………………………………… 23, 24, 25, 27
旅行会社営業 ……………………………… 22, 23, 26, 27, 40
旅程管理主任者 …………………………… 25

わ
ワーキングホリデー ……………………… 12

【取材協力】
日本映像翻訳アカデミー株式会社　https://www.jvtacademy.com/
株式会社留学ジャーナル　https://www.ryugaku.co.jp/
丸紅株式会社　https://www.marubeni.com/
株式会社JTBコーポレートセールス　https://www.jtbbwt.com/
公益社団法人日本ユネスコ協会連盟　https://www.unesco.or.jp/
独立行政法人国際協力機構　https://www.jica.go.jp/
—
荒川区立第三中学校
新宿区立四谷中学校
中村中学校

【解説】
玉置崇（岐阜聖徳学園大学教育学部教授）　p42-43

【装丁・本文デザイン】
アートディレクション／尾原史和・大鹿純平
デザイン／SOUP DESIGN

【撮影】
平井伸造

【執筆】
宮里夢子　p4-9、p28-39
林孝美　p42-43

【企画・編集】
西塔香絵・渡部のり子（小峰書店）
常松心平・安福容子・中根会美（オフィス303）

【協力】
加藤雪音
岡村虹
加藤梨子
若松志歩
柴田さな
相本乃杏

キャリア教育に活きる！
仕事ファイル6
インターナショナルな仕事

2017年 4月 5日　第1刷発行
2021年12月10日　第5刷発行

編　著　　小峰書店編集部
発行者　　小峰広一郎
発行所　　株式会社小峰書店
　　　　　〒162-0066 東京都新宿区市谷台町4-15
　　　　　TEL 03-3357-3521　FAX 03-3357-1027
　　　　　https://www.komineshoten.co.jp/
印　刷　　株式会社精興社
製　本　　株式会社松岳社

©Komineshoten
2017 Printed in Japan
NDC 366　44p　29×23cm
ISBN978-4-338-30906-6

乱丁・落丁本はお取り替えいたします。
本書の無断での複写（コピー）、上演、放送等の二次利用、翻案等は、著作権法上の例外を除き禁じられています。本書の電子データ化などの無断複製は著作権法上の例外を除き禁じられています。代行業者等の第三者による本書の電子的複製も認められておりません。